ESTAMPAS DO ABISMO

Dedicado à Neusa Santos Souza

JOVINA SOUSA

ESTAMPAS DO ABISMO
poesia

Todos os direitos desta edição reservados à Malê Editora e Produtora Cultural Ltda.
Direção: Francisco Jorge & Vagner Amaro

Estampas do abismo: poesia
ISBN: 978-85-92736-85-9
Edição: Vagner Amaro
Ilustração de capa: Dandarra Santana
Capa: Dandarra Santana
Diagramação: Maristela Meneghetti
Revisão: Geisiane Alves

Texto revisado segundo o novo Acordo Ortográfico da Língua Portuguesa.
Proibida a reprodução, no todo, ou em parte, através de quaisquer meios.

Dados internacionais de catalogação na publicação (CIP)
Vagner Amaro – Bibliotecário - CRB-7/5224

S729e	Souza, Jovina
	  Estampas do abismo: poesia. / Jovina Souza.
	— 1. ed. — Rio de Janeiro : Malê, 2023.
	  132 p.
	
	  ISBN 978-85-92736-85-9
	  1. Poesia brasileira I. Título.
	                              CDD B869.1

Índices para catálogo sistemático: 1. Literatura: poesia brasileira B869.1

Editora Malê
Rua Acre, 83, sala 202, Centro. Rio de Janeiro (RJ)
www.editoramale.com.br
contato@editoramale.com.br

O QUE QUER, O QUE (AINDA) PODE A PALAVRA?

> A cada curva da palavra impressa
> Movimento meus braços na trilha de fazeres fortes.
> Jovina Souza

Há sempre um misto de alegria e responsabilidade quando somos convidados para prefaciar um livro. O contentamento vem por conta da consideração devotada por parte da escritora ou do escritor para conosco; o encargo emerge na medida em que sentimos o cuidado que se deverá ter no emprego das palavras, a fim de que elas denotem os sentidos que a obra causou no prefaciador e, consequentemente, no impacto que, por meio da sua escrita, será levado aos leitores. Nessa perspectiva, apresentar um livro de poemas em meio às incertezas que se desenham no Brasil, no âmbito de um cenário geopolítico no qual os diálogos não foram capazes de evitar nem o recrudescimento do fascismo nem a guerra, gera um sentimento confuso e esquisito, o que não impede de ser gestado, também, um sem-número de expectativas

– pelo menos no imaginário – que somente as palavras ainda podem evocar.

Com efeito, ler *Estampas do Abismo*, último livro da professora e escritora baiana Jovina Souza, em meio a uma pandemia que ainda persiste, foi o modo de vivenciar um sentimento inquietante e um tanto ambivalente: constatar que a poeta, insistente, continua na "luta mais vã", que é lutar com as palavras em um mundo estrondosamente imagético e no qual elas – as palavras – se ainda não sucumbiram, deixando de significar, perdem a sua força! Ou não. E isso se faz sentir, a meu ver, à medida que, ao acompanhar a trajetória da escritora, vai-se constatando a maturidade de sua escrita, a agudeza de sua percepção da chamada "realidade" e o modo como tudo isso vai se sofisticando e se plasmando no seu fazer poético num momento, diga-se, de efervescência literária no cenário editorial brasileiro. As palavras, por diversas e complexas razões, já não dizem... No entanto, é preciso escrever – com elas!

Talvez a escritora tenha iniciado seu projeto de escrita se valendo de uma nomeação que foi abandonada no decorrer da sua escritura. Ou não. Há pistas significativas que podem, por exemplo, sinalizar, por parte do eu enunciativo, a necessidade de ruptura com amarras impostas! Para que é preciso dar títulos aos poemas se todos estarão em um único livro (com um título)? Quem sabe pensava a poeta... É que os interditos estejam, talvez, para além das palavras!

Guerreira e combativa como é a autora, é fácil concluir

que Jovina Souza não se deixaria subjugar por qualquer tipo de aprisionamento: "Essas velhas paredes altas/com espessas coberturas/deitam sobre minha cabeça [...] Meu sonho delira na fresta.". E a imagem da opressão se torna mais acentuada nos versos: "Estou muda nesse vão de miudezas/sem frestas para sentir um restinho de brisa/sem entrada para visita dos deuses/sem mapas, sem beiras, sou a presa/".

Ao denunciar a decrepitude da paisagem mórbida ("Levanta-se o odor dos cemitérios"/[...] que universa só as mortalhas da morte") e ainda a permanência do insidioso e persistente racismo ("Minha pele é a primeira no paredão/que engole corpos/e o carrasco impõe a roleta russa/aos meus ouvidos"); e o confronto com o machismo como uma prática naturalizada ("Meu corpo lhe negou o último prazer/Homens gostam de foder na despedida/O deixei sem essa vantagem/para contar aos amigos"), a poeta aponta tantos outros abismos até chegar ao esgarçamento das possibilidades existentes em um tempo tão odioso: "A dor se levanta como único farol/e se faz a mensageira da morte". É o ápice! Contudo é também o tempo do embate!

Exímia conhecedora (como já me confessou) do clássico *A Arte da Guerra*, de Nicolau Maquiavel, Jovina não brinca em serviço: "Vivo na intersecção das diferenças/e na verve insidiosa da episteme/Sou o alvo nesse lugar de guerra". Lutadora, ela sabe que a guerra é o espaço de vida e morte, de destruição, mas também de resiliência, de resistência. A poeta sabe ainda que pode ser atingida. Contudo ela também atinge. Tem consciência de que pode ser ferida, mas também fere. A diferença é que ela, como artista que é e conhecedora da dor causada por tantas feridas, também cicatriza. E a cura que ela promove se dá por meio das palavras que ainda dizem – a "palavra poética"! Ela sabe que a "intersecção", a fronteira, o entrelugar (ou como queiram nomear) é o espaço, por excelência, das decisões... Ela decide pela vida: "Bailar todos os passos na música da vida/Com flauta do prazer e festejar [...]!"

A mesma poética que constata a (quase) impossibilidade de um viver digno é a mesma que detecta, em si, as frestas que permitem emergir a vida: "É imensa a linha do azul na imensidão das distâncias/Sim, é aberto o espaço da vida! É longo, abre-se para o incerto, é bonito e excitante!". Ao longo da leitura dos textos, a escritora parece, com muito esforço, apresentar uma força capaz de captar tudo à sua volta como uma espécie de radar a perscrutar as desordens estabelecidas e permanentes: "Eu tenho olhos com anatomia de vidros/ eu tenho um coração. Ímã". É a potência da possibilidade de reconfiguração! O poema é antídoto!

No clássico romance *A Hora da Estrela*, Clarice Lispector detecta, em sua personagem principal, um "olhar de perdição" (seria uma "estampa do abismo" de Macabéa?) e, ao descrever a quase não vida de Maca (apelido pelo qual o "narrador" chama carinhosamente a personagem), destaca: "Macabéa ficou um pouco aturdida sem saber se atravessaria a rua, pois sua vida já estava mudada. E mudada por palavras. [...] Até para atravessar a rua, ela já era outra pessoa. Uma pessoa grávida de futuro. Sentia em si uma esperança tão violenta como jamais sentira tamanho desespero" (LISPECTOR, 2008, p.101).

Sabendo do triste fim de Macabéa e conhecendo agora os poemas que compõem *Estampas do Abismo*, é possível considerar que Jovina Souza está também grávida de futuro. Mas não do futuro desolador e desesperançoso que pôs fim à principal personagem do romance da autora ucraniano-nordestina. Os poemas de Jovina Souza permitem o afastamento dos abismos que levaram Macabéa à sua aniquilação e que estão presentes em uma sociedade, à semelhança daquela do Rio de Janeiro que, ao não acolhê-la, mostra-se toda feita contra os indesejados.

Cada poema da obra deve ser lido com a devida atenção, pois as palavras da poeta feirense apontam para o abismo e tentam nos afastar dele, acolhendo-nos! Talvez com a acolhida que faltou a Macabéa. Decerto, o título *Estampas do Abismo* pode até prenunciar um olhar sombrio sobre o existir na contemporaneidade e, de fato, é. Todavia, ao penetrar no "reino das palavras" de Jovina Sousa, depara-se com "um ofertório de poemas", que convida a uma afirmação (e não à negação) da vida. Na verdade, esse *ofertório poético* serve de anteparo a nos afastar, candidamente, dos abismos que se insinuam e (re)surgem em cada esquina do viver contemporâneo.

João Edson Rufino — Doutor em Literatura brasileira, professor e pesquisador do IFBA, em João Pessoa (PB).

I

Essas velhas paredes altas
com espessas coberturas
deitam sobre minha cabeça
e
ao redor de mim são obscuras
de texturas cimentadas,
compactas
sacramentadas
em vastas agonias.
Meu sonho delira na fresta.

II

Meu ventre está sob o bote
da serpente
exposto à estrela que se apaga.

Ela faz sombras nas alvoradas
esperadas
pelos úteros prenhes
reféns das víboras cascudas
e secas
que nada sabem de fertilidade.

Meu corpo então se abre em fios d'agua
para refrescar minhas entranhas
frutíferas e grávidas.

III

Mergulho nesse anonimato das ruas
estendo minhas duas mãos e alcanço
os pedaços recicláveis.
Entre pés decepados nesses caminhos,
ensaio dançar nas epifanias dos novos
tempos.

Um arsenal de vozes grita meu nome,
cobre-me de cortinas, estampas opacas
e aguas velhas são chuvas torrenciais.
A pura solidão de tudo se faz no desvario
que é meu e dos esperançados.

Ela é quem me ampara nas bordas frágeis
e úmidas dos precipícios.
Todos feitos de esperas por ti e pela vida
das profecias ilícitas

A vida morre no império dos desejos frágeis
nas orgias dos paralelepípedos ululantes
com suas línguas quentes.
Elas me procuram e já ousam a me saborear
no dorso da mingua ternura que é ausente

nos meus instantes
e o coração que desejo não se apaixona mais.

IV

Chegou a noite igual como foi sempre.
E eu broto dessa rotina, o final do dia
simplesmente.

A velha lógica da galáxia inverteu-se
em luar sempre.

Eu que sempre fui sol amanheci com a lua
em comunhão ascendente.
Renasci em rasuras às distopias
antes,
a ordem dos tempos.

V

Levanta-se o odor dos cemitérios
nas veias carcomidas do universal.
Essa confraria dos algozes de povos.
Ela diz que são os mortos os deletérios,
assim, pintados na tela do pensamento
que universa a morte fora dos espelhos.

Seus barcos aglomeram-se e os mares
estão abertos
aos embriões dos sentimentos amorfos
de homens e mulheres com suas porções
de sal e pimenta, preenchendo os rasgos
nos corpos.
Os gritos acariciam suas genitais acaloradas.
Explode o gozo uivado.

VI

Fico a pensar sobre as brevidades
nos roteiros do mundo
e não tenho vontade de ver Deus.
Busco meu idílio nas revoluções
dos pés, enredados na mecânica
das máquinas
onde perde-se a vida, sonhando
com violinos afinados e com lírios
em campinas floradas.

Deseja-se aquele pedacinho de mar.
Com o mesmo sal
resseca-se a insurgência das renúncias.

O tempo cala-se para ninar os incautos,
os violinos vão se quebrando,
os lírios florados murcham.
O mar tão esperado perde o azul
e cospe o limo das máquinas
nas gaivotas.
É a festa dos abismos
no velório da esperança morta.

VII

Vivo na intersecção das diferenças
e na verve insidiosa da episteme.
Sou o alvo nesse lugar de guerra.

Minha pele é a primeira no paredão
que engole corpos
e o carrasco impõe a roleta russa
aos meus ouvidos.

Quando meu escalpo geme,
o amor prende o verbo
no fundo do silêncio.

VIII

Abro a janela. Busco as noites
das fogueiras
cantadeiras
quentes
nas palmas da capoeira.

Mas, o vento joga em minha face
o cheiro das areias movediças.
Ele joga seu arpão no meu peito
e eu sou a bilionésima voz e grito
longínquo
do sentir agudo
moribundo
de eco permanente.

Meu gemido é trêmulo.
Longo.
É de gente.
É do mundo.
Abro firme as bandas da janela,
as seguro com as mãos doídas,
com as pernas combalidas
e com meu corpo todo
aguardo a vida, na janela, ainda

IX

Ouço uivos das feras selvagens.
Nos dentes a fome de sempre.
Seus pelos surrados obstruem
a fechadura da minha porta.
Ela abre por fora e por dentro
necrosa.
Vejo rudezas enchendo as ruas
e pupilas paralisadas pelo terror
das muralhas.
Eu tenho olhos com anatomia
de vidros
eu tenho um coração
Imã
ofertório de poemas querendo músicas
nessa precariedade
de sons e de rimas.
Eu tenho unhas surradas desmedidas
partidas
cavando alguma fístula nas paredes.
Estou muda nesse vão de miudezas
sem frestas para sentir um restinho
de brisa,
sem entrada para visita dos deuses,

sem mapas, sem beiras, sou a presa!
Tenho só minha existência maculada
nesse chão entre paredes.

X

Quero ser navegante na fibra ótica
em missão diplomática além oceanos.
Sonho ser pardal entre essas ruas
e o mundo.
Aportar nas praças dos continentes,
expandir as raízes presas no chão
dos quintais.

Nos disfarces filosóficos dos centros
as urticárias pegam minhas pernas
e desejam prendê-las nas retas
endurecidas
e nos calabouços ordinários.

Sei que é aberto o espaço da vida!
É grande a linha azul na imensidão
das distancias, abre-se para o infinito
é bonita e excitante!
Encanta-me os pássaros em arribação
labendo minhas pernas.

XI

Nas curvas da palavra impressa,
movimento meus braços na trilha
dos fazeres fortes: são confissões
de amor, minhas alucinações reais
nas tardes voluptuosas.

Elas são alinhadas com meus olhos
no amplo campo de fogo e de gozos.
Suavizo seu medo abrindo-lhe apenas
o corpo:
Impávido sobre a pressa que esconde
enganos.
Imolado nos teus restos de amor.

Enquanto atentas para o tilintar do relógio
vejo as asas dos passarinhos nas várzeas.
Elas são minhas palavras sobre tuas mãos
suseranas
inúteis para o prazer corpóreo.
Sonho que vive no meu poema
a espera da tua volúpia ausente nesta hora.

XII

Retiro o que trazes dos desprezos severos.
És bem-vindo às minhas carícias esmeradas.
Entre o banzo e a insônia nas tuas faltas
uma lâmina se ocupou do meu coração,
desesperado
imerso em apelos de amor e arremedos
de eternidade.
Eles instigam os eixos do meu corpo febril,
na ânsia do teu rito de sofismas e tremuras,
quando me decomponho no delírio da pluma.

XIII

A noite se fez de passos incertos.
Indecisas mãos aliava meus olhos
perdidos
nos vazios do horizonte incompleto.
Adentro essas ruas de arranha-céus
uma arquitetura do inferno,
de seres corroídos pela penumbra
sobre o sol.

Vejo rostos furtivos atrás das cortinas.
São os amantes das dores finas
deitados nos sofás de lágrimas
ou sobre a carne dos corpos secos.

Na esquina, nenhum sinal de nada
nenhuma flor se levanta do asfalto
meu caro, poeta.
Apenas, uma nevoa de espinhos
abraça forte os prédios e suas telas.
Sinto o que arde nos meus ossos,
em riste, nos espelhos das janelas.

XIV

Sou um colibri a lamber palavras,
caindo nas lacunas da semântica
que sequestram sentidos libertais.
Eu os levanto no acordar das lutas
para reaver memórias, enterradas
nos canaviais.

Eu sou operária das vontades
nas revoluções do verbo
e vivo nas solidões que marcam
minha pele com seus murais.

Se busco o fio dos equilibristas
sobre esse rosário de abusos
é porque
sou alvo dos seus vidros
e dos cemitérios de almas
no fundo dos seus cristais.

XV

Eu faço rasgos nas cortinas dos livros.
A fala das suas páginas não diz
o cotidiano que me devora
e não condiz
com as fotografias dos séculos vividos.
Há confrarias de lembranças decompostas
despejando suas gotas no brilho dos olhos.
São letras algozes.

Atravesso vazios e minha lira não dorme.
Ela é cena viva nos interstícios do tempo
devorado.
Levanta-se como cobertores quentes
sobre os espíritos trêmulos e desamados.

Eu ouço vozes no meu alpendre poético.
Ouço o clamor das memorias presas
nos templos da espera e da solidão.

A poeta carrega-se de palavras e rimas
erguidas na esperança das suas dores,
para grafar o poema que é o sonho
dos espelhos partidos
pelo projeto do ódio que escreve livros.

XVI

Entre mim e a chegada desse tempo
levantam-se saudades reluzentes.
São recortes solitários dos diamantes
e seus veios que alumiavam os rios.
Subiam em fios luminosos até o céu
de ontem.

Magmas de velas pariam direções
da terra para as aguas e para o sol.
Ele corria queimando as linhas da letra
que me descrevia na ritmo da infâmia.

Nessa manhã cinza não há azul fluente
sobre o mar.

Em pó, asas cortadas vão para o leste,
o resto singra a incerteza do oeste
e nuvens cobrem o rumo do norte.
Só a dor se levanta como único farol
e se faz o elo da morte.

XVII

Meus olhos ficaram secos
sobre sua cadeira vazia
no jantar.
O lençol intacto no seu lado
da cama,
estava lá, narrando minhas
esperas.

Não me prostrei no adeus
sentido
e meu abraço ficou preso
nos braços Incompreensíveis.

Meu corpo lhe negou o último
prazer.
Homens gostam de foder
na despedida.
O deixei sem essa vantagem
para contar aos amigos.

Ele apertou as pálpebras
foi com os ombros caídos
disfarçando o apolo ferido.

Sequer deu aquela ultima olhada.
Magoado, calado, partido ele se foi com sua reserva de lágrimas.

XVIII

Despeço-me da chama do eterno
que esperança o infinito do encanto.
Rendo-me aos encontros que findam
pois,
é essa a lei do tempo sobre meu sonho.
E dos seus fragmentos me faço longa.
Sirvo-me das linhas que faíscam fogo
para a vida dos instantes.

Corto a vida em fatias e à mais rubra
entrego-me, comovida, para ser viva
na harmonia e no factual da beleza.
Mas,
ela é oferecida a mim como espera,
promessa morta nesse lado da terra.
Tenho apenas a angustia, cortinando
minha janela

XIX

Procuro minha menina pisando a terra
a caminho do rio de ternuras e calmas.
Um dia partiu nas fumaças das neblinas
para o mar.

Ela se foi senhora das ondas altas e flor
da perene liberdade de mais e mais amar,
sem os medos que encurtam os passos
no firme chão insular.

Ela se foi sem o desejo pelas bússolas
para a festa do arco-íris sobre os montes.
Foi planar nas asas do condor ao vento,
e ser menina aprendiz com os horizontes

Procuro a minha menina de pés corajosos.
Quem me dera que ela voltasse destemida!
Com um agdá de unguentos e alfazemas
para banhar meus pés,
andarilhos das feridas.

XX

Não havia canto, havia vento sorrateiro
entrando baixinho. Era vento e não brisa.
Não acariciava os prantos, apenas invadia
a sala se espraiando sobre meus cactos.

Nenhum perfume, nenhuma flor ele trazia.
Carregava uma poeira fina daqueles dias
quando a ternura fugiu dos seus olhos
e vieram a valsa das asperezas.

O vento trouxe a resma do que foi opaco
para interrogar minha reles insensatez
em manter seu prato sobre a mesa.

XXI

Não encontrei seus fios de cabelo
tampouco suas latinhas de cerveja.
Sumiu aquele costumeiro bilhetinho:
"quero você bem louca e nuazinha".
Não havia o som da porta enguiçada,
só livros na estante sem marcadores
e as roupas secas ainda na máquina.

Mesa forrada e a pia sem louças sujas,
todas sequinhas,
combinavam com as plantas da sala
e com o sofá sem pelos de gato.

Havia uma falta de graça nas cortinas
não esvoaçavam, não soltavam ácaros.
Já fazia tempo a preguiça dos ventos.
Muita poeira dormia sobre o papel puro
sem palavras de carinho ou de saudades.
Nenhum som de nada ressoava na casa,
sequer um indício de risos ou de lágrimas.
Só existia um vazio sepulcral de paisagens.

XXII

Joguei minhas vestes na fogueira.
Lá ficou o perdão, virtudes de moça
e a poética da piedade trovadoresca.
Atavam-me na prole dos vassalos.
Eu fiquei dona do meu próprio feudo,
pulsei as veias e botei sangue vestal
nos romantismos das privações.
Perdi o desejo pelo caminho do céu.

Além das abstrações de mim
restou
a intrínseca liberdade do espírito
a conspirar minhas infinitas revoluções.
Pois, nas esferas largas do meu pensar
há o sincrético e o secreto rito consciente
crente na transformação ainda que lenta.

Porém, sei que é aparente a calma do tempo,
ele rege o cerne dos átomos e dos nêutrons.
Tomara que ele adoce os corações surdos
rindo do meu luto no reino das inclemências.

XXIII

Agradecer ao tempo decorrido
não me conforta.
É insensato abraçar a morte
torna-se árido os fios da vida.

Não abraço a pretensa vitória
de estar viva.
Não ignoro que morro a cada
pedacinho do tempo vivido.

Não há vitória sobre o tempo.
Mesmo quando ele se vai lento,
nos oferta em pequenas fatias
a hora do passamento.

XXIV

Senhores cavaleiros com suas patas,
passaram o fio da espada nas matas.
Um fio de sangue coloriu as florestas.
As folhas secaram e morreram de fome
os cavalos.

Eles, os cavaleiros foram unidos viver
e encolher com as bestas aladas.
De novo uma lâmina na seiva da terra
partiu favos inteiros e violentou o barro
a minhoca e as bactérias.

A morte, então, foi para a vida dos grãos
elegeu o fundo chão como a real morada
dos cavaleiros.
Seus herdeiros seguem a ceifar o mundo
e a relinchar com as escrituras das bestas.

XXV

Olho e nada do paraíso vejo no céu.
Sobre mim balança restos metálicos,
deuses ensanguentados nas carnes
frescas...

Nada é santo nesse abissal
acima de mim, apenas frenesi louco
sobre um mundo necrosado
imerso em patíbulos e seus esgotos
de sangue
onde corpos são cortados
sob a morte das estrelas.
Vejo o domínio inegociável da pura
desgraça monumental
divina e viva nas bases do mundo.

Descem do céu espíritos das sombras
para o estupro secular das palavras.
Vêm traumatizar o gozo das almas,
tecendo nas multidões o ódio pela vida
no raiar das madrugadas.

XXVI

Procuro a estrela guia da poeta amante
na solidão das tardes e das manhãs,
quando sou escriba à espera do tardio
encantamento.
Com o ritmo das noites versadas danço
sob a ternura do meu coração em suspiro.

Bailar todos os passos na flauta da vida
e festejar meus vícios de amor nas auroras
é um sonho sobre meus ombros.

Assim alcanço as brisas dos tempos de glória,
entrego-me
as lembranças de mim e das noites de neon
com minhas mestras consortes.
Quando um cálice de vinho e o cigarro pós gozo
podiam inibir a morte

XXVII

Afundo no labor de fazer ventos
com palavras para quebrar gaiolas.
Há um moinho de interrogações
girando meu desacordo sonoro
a emergir das escutas do mundo
e da história.

Minha régua é o saber do barro
que retoma os ventos e professa
o fazer dos pássaros.
Mas, a valentia moribunda é perpetua
não bebe o desacordo nas palavras.

XVIII

Sob meu vestido escondo palavras.
Quando ele se vai revela a letra toda
grávida
maturada nas sílabas no meu útero
germinado de vocábulos.

Desse ritual sai a palavra ausente
para a pele nua
em som, em ponto, em vírgula
a letra é intrínseca da minha carne.

Ela está fogo inebriado de rimas
e me desvela mulher nos tempos
dos verbos.
Mas, a palavra não me salva de nada
eu fico à deriva no rabo dos ventos.

XXIX

As lágrimas não caem no chão.
Irrigam o meu corpo e o tempo
lambe meu rosto.
Carrego meus retratos ressecados
que se renovam no sal das águas
e das lágrimas.

Ponho termo no encontro do coração
com os raios que abraçam minha pele.
Deixo-os à vontade na saída do casulo
de sangue
rumo aos enigmas do mar
pra me regar onde ainda sou humana
no chão do mundo.

No mormaço das ondas miro o céu
vou navegando contra o farol do lácio
para me redefinir além da sua palavra
e da sua semântica racializada...

XXX

Nas várzeas das minhas saudades
tem meus acordes solitários, saindo
pela janela das ilusões de ontem.

Mas, o meu coração é caminhante.
Ele corre ventos, ele corre oceanos
toma a direção do colorido e vai
aportar paisagens do belo nos meus
porões.

Meu coração é rio de muito viver.
Seus afluentes desaguam girassóis
voando para o nascente das manhãs
nos dias amarelos.
Onde espero aquele amor que me disse
ser eterno.

XXXI

Saio à rua como a própria vida
voando na brisa, sempre indo
rumo ao que não se advinha,
ao que não tem a completude.

A vida é controversa quando
se quer eterna, pois ela é feita
do novo e do recomeçar sempre
na lâmina do adeus
e nas saudades lúdicas.
Ela oferta às almas o que suspira,
atende às ilusões do pensamento.

Recebo, hoje, a vida como música
do desejo primeiro que se desfaz
e vai se enrolando em alucinações
do fim
nos precipícios dos meus castigos.

XXXII

Sua cama é minha outra pangeia
onde afundo no primitivo vulcão
dos nossos corpos.

Eu como as primaveras até esvair
o néctar e ainda fico em privação
insaciada.

Deitar no seu colchão de gamorra
desbrava-me.
É mitigar a inocência desprevenida,
não ser amazia romântica do amor
e ficar besta me queixando da vida

XXXIII

Finda a noite e nenhuma palavra corta
meu amor entre os dentes.
Ele quer escapar nos gemidos obscenos
e se deleitar nos devaneios das estrelas.

Nenhum homem caiu no meu telhado
nem bateu à porta rígida de pau duro.
Nenhuma passada no chão, nenhum
rastro, só meu corpo em pura vigília,
imolado pelo nojo das mãos.

Não ouço sequer uma promessa falsa
ou impura. Descortina-se o desprezo
eterno, marmóreo, em preto e branco
na ritualística que me impõe a cultura.

XXXIV

De mim, foi todo mel que embalsava
meu corpo dócil
e tudo da pureza que você me pede.
Só ficou o abandono escrito com a letra
da história.

Além de maculada e deveras indesejada
há , ainda
na minha carne a solidão da fome
nos labirintos das misérias.

Fico nua, em decalque no gelo seco,
não tenho mais pontes sobre a morte
também não tenho o mapa dos alívios.
Carrego somente o receio da travessia
para a sonhada margem dos lírios

XXXV

Apenas um chapéu e a memória plana
de tantos tempos íngremes, estendidos
na solitude enferma,
onde vejo teu vulto difuso e leve
um tecido de voal, balançando só,
Impedindo
meus olhos de pintar tua imagem

Há o imponderável como paisagem
e o eco das lembranças que ressoa
não consola meus olhos insones.
Vem a pura desolação que me toma
e grita teu nome na lápide do amor
que o tempo constrói e proclama

XXXVI

Rostos plasmados no quadro da parede,
uma pintura daqueles tempos em traços
de recordações.
Aqueles dias ébrios muito levemente
nos tocaram a pele.

Eu recolho o que ficou
nos fios do vestido vermelho
depósito imaginário do teu cheiro.
Há trovas da tua boca sobre a minha
 na solidão dos meus lampejos.

Escrevo cartas para aqueles anos e busco
recompor nosso enredo, perdido no quadro
da parede. Há uma linha de sombra brusca,
parece um hiato sumindo os nossos passos.
Existe uma miragem sobre a juventude morta
recolhida na lembrança amarelada.

XXXVII

Quando acaba o fio da realidade
sigo no ponto cego do seu corte
e o sangue volta para as veias.
Imponho ferrugem ao simulacro
que bate no meu portão
e se realiza na dor crucificante
vestida com o imaginário da vida
bela.

Ela enfarta os corações rebeldes
e oferece aos outros o por do sol.
Quiçá uma cena bonita na tristeza
do mundo.
A vida doce discursa na mimese do belo.
Este primeiro falta e depois lambe
a cicatriz.

XXXVIII

Fiz gravuras com minhas reticências
deixei as lacunas para os saberes
dos velhos.
Abro a safra dos feitiços para deter
alucinações, represadas nos medos.

Há uma repetição regular de vozes
em notas de sofrer e puro desgosto.
São os gemidos dos heróis sem nome.
Ninguém percebe seus métodos de luta.
Fica invisível a imensidão no fim do túnel.

XXXIX

Uma bola de fogo suspensa no vento
apontava para o mundo.
Quando mais eu olhava para o monte
menos alcançava. Eu queria ver o ayiê.

A aurora do sol ia para outra parte,
não deixava o mapa da estrada.
Logo vinha o prateado da lua solta
entre nuvens
e a cada tempo tinha jeito diferente
mas, sempre distante.

Ainda sonho ser borboleta a planar
sobre o despenhadeiro do monte,
quando acordo ele continua lá longe
debruçado no oco do mundo.

XL

Em cima da linha está o limite do verbo.
Despido de orgulho ele quer se conjugar
no plural para o jubiloso tempo futuro.
Vai driblando o império dos impulsos
e a única pessoa dos severos sentidos
Ele deseja ser os ossos do mundo todo
o transformador do infinito tempo.

Não quer ser trocado por substantivos
nem por adjetivos no indecente medo
da ação. Ele deseja os corações bravos
absorvidos pelas gotas do puro sangue

Porém, ele vive preso no papel amarelado
no fim da primeira linha, triste na agonia
da espera pela sua conjugaçao em marcha.
Ele sonha com a juventude dos humanos
mas, encontra-se ativo, apenas nas mãos
dos tiranos.

XLI

Eles vêm recriar o inferno na terra.
Imploram a seus deuses o decreto
e pagam com o cartão de crédito.
Não tenho o sacro cartão de credito
nem prece. Tenho é a mais pura ira.

Vinguei-me com risadas de Padilha
nas farras da inquisição
dos anjos
incendiários,
gozando ao pé do fogo.
Apaguei o fogo na hora H.

Eles temem minhas orgias intermináveis,
minha vadiagem nos braços dos homens,
a rimar os corpos nas filosofias profundas.
Os bons olham-me com a piedade da usura
querem comprar minha alma com os trinta
denários de judas.

XLII

Ficou um adeus abandonado e preso.
Não foi dado nem chorou sua lágrima.
Vive nas tristezas das minhas palavras
sem ritmos
sem beleza
sufocado
na sílaba tônica da saudade.
Meu riso ficou entre os dentes
sonhando viver nos lábios
achando graça das coisas.

XLIII

Estou uma noiva dentro do seu vestido.
Sobre minha cabeça um véu comprido
de pétalas que aparecem nos espelhos
de papel.
Elas são lindas para os olhos míopes
e o possível oferecido pela vida bela
no sabor imaginado do bolo de mel.

Há um beijo depositado na minha boca
e nos gemidos da felicidade de sempre
já fui desvirginada no banco traseiro
do carro. Mas, no fundo vazio do salão,
jaz uma paisagem das ilhas Maldívias.
É a lua de mel dos sonhos e das noites
Inesquecíveis, doces simulacros da vida.

XLIV

O corpo devassado nas sombras das casas
é mastigado no banquete abissal da desonra.
A pequena borboleta fêmea que voava se dilui
nas consciências vis e sua dor fica sem pauta
na ética do horror que a todos deflora.

No íntimo do corpo, acende um vazio sem fim
quando o abutre morde no broto juvenil.
Ele Invade a virgem flor encarnada carmim,
sorvendo-lhe a seiva de boneca e de patchulim.

XLV

Entre meu transe no sonho de liberdade
e o dia que vem, meu espírito é avidez
e raio trêmulo de emoções e aromas.
Eles trazem meu tempo. Ele se move
na solidão do seu ofício, a remover tudo,
que não me traz o encanto nem acaricia
meus olhos famintos de virtudes.

Vêm conta-gotas de pingos celestes para
minha pele aveludada, ornando meu corpo
estendido na liberdade da terra. Ele aguarda
que o sol chegue com suas mãos de nuvens
faça-lhe conhecer o que é macio e sincero

XLVI

No meu quarto de meretriz desvalida
espero meu Dionísio de puríssimo osso
e carne.
Desisti do meu ramalhete de rosas
e das metáforas doces, sonhadas pelos
meus ouvidos
para tomar a garrafa de vinho toda
no leito do seu corpo. Sei que passou
da hora e meu colosso se interditou
no furo do pneu sem hora combinada.
Essas ruas violentam o sonho lítio
dos meus vícios de mulher enamorada.
Confesso
que meu ímpeto é pelo ócio que sangra
a vontade, sem tempo para seu estanque.
Contudo, esta noite faço apenas um brinde
à minha lingerie, sem uso, sobre a cama.

XLVII

Vejo o filme das mães sujas de sangue.
Sangue vivo escorrendo dos seus braços
igual ondas de um mar histórico de sofrer.
Pregos cravados nas suas peles azeviches,
são tatuagens das suas vidas infelizes.

Mães violadas nas bocas de seres brancos
que levantam punhais e não se apiedam
dos vencidos
e
limpam suas lâminas no cabelo dos escalpes.
São homens e mulheres. Eles erguem medalhas
nas ruas e nos bares. Todos disputam nas praças
corpos no refugo das carcaças.

São meus vizinhos com seus broches de ouro,
com suas flâmulas de foda-se
e títulos de doutores e doutoras honoris causa.
Tocam citaras
e
quebram o que se levanta do crepúsculo.
O ódio das suas mãos, vem dos seus espíritos
  com ares de eternidade

XLVIII

Sou feita de relâmpagos e de nuvens
com epifanias de luas cobrindo ossos.
Levanto-me no cantar do sol e ouço
a música dos equinócios, desnudas
no ritmo das rosas.
Também
sou criança nas manhãs e busco o fio
da memória para riscar meu percurso
no galope suspirante do meu existir.
Menina mulher é onde sou o mastro
da palavra criando meus sonhos de giz.
Por isso,
afino as cordas das sílabas e alimento
minha alma de brisas e de ternuras.
Como as planícies nuas eu me derramo
no infinito e me transformo no vasto azul
que sobre a terra é um vão desconhecido.

XLIX

Meus guias se perdem nos labirintos,
e meu destino é vagar fora dos mapas.
As manhãs são dos canhões no seio
dos espíritos e a noite é do perverso
navegante.

Quero ser um fio de suspiro que dura
não receio os passos da revolta
ainda que o rosto dos gemidos
seja o meu, no julgo das misérias
noturnas.

A lança brinca de vencer a meduza
e o beijo de obscura volúpia morre
no chão sem dono.
Sombras derramam notas cansadas
nas cantilenas de afeto. Elas serviam
a meus versos no dueto dos encontros.

Sou eu nessa sagração do sol partido
sob a meia-lua que roubou o encanto
dos portos. O vazio emerge de tudo.
Ele vem de gente, ele vem do porto
e mata as vontades da minha boca

L

Há pensamentos recolhidos no alforje
do vaqueiro. Seguem o som do aboio.
Pois, o matadouro está quieto,
esperando
pelo sangue implorado ao boiadeiro.

Prepara-se o ritual do macabro banquete!
Primeiro a boiada toca o joelho no chão,
cabeça acompanha a pose dos joelhos
e o sangue então espraia-se vermelho.

Corpos são metade boi, metade homem
metade boi, metade mulher. Bois novos,
bois velhos, bois locais e globais chegam
obedientes sob a benção dos seus deuses.
As palmas dos matadouros e dos vaqueiros
vem no mesmo tom das lanças matadeiras.

Quando o silencio invade nossos abatedouros
novos pensamentos indolentes,
novamente
são seduzidos pelo alforje dos vaqueiros

LI

Foi a paixão nas veias do meu corpo
quem matou o amor sem movimento
e acordou meu coração.
Lá dormia a tentação e seu frescor.
Isso quase seca minhas correntezas
e o fulgor da lasciva, a vida de tudo.

Foi a paixão quem rasgou os véus
das velhices e me negou a solidão

Apresentou–me ao ritmo das palavras
e ao fogo das ilusões outrora sedutoras.
Elas voltaram bem festivas e trouxeram
a terra, o vento e o movimento estelar
com fartas revelações.

A paixão fogosa beijou-me os lábios
do primeiro desejo até o gemido final.
E assim passamos as noites a cavalgar
sobre as linhas do meu coração.
Ele está vestido de chamas rendadas
e ligas escarlates
um presente lânguido e extemporâneo

pra minha alma desvairada nos aromas
profanos
inebriando-me com os corpos que mastigo
na idolatria do gozo,
meu paraíso possível.

LII

O sopro do vazio invadiu minha casa
espreita minha resistência ás faltas.
Exala frio na lírica que colhi da vida
para meu involucro febril.

Além da janela só tramas da brancura
paredes e pregos enredam as manhãs.
Estou ciente dos seus enredos urdidos
para meu degredo nas estações secas
sem pétalas
onde os pesadelos das deusas vêm
para minha pele.

Sou apenada com o abandono das ilusões
e de tudo que acalma minhas tempestades.
A escassez solve o sangue do meu coração
e mata minha sereia grávida.

LIII

Um canto se espraia dentro da noite.
Ele viaja sobre o crepúsculo impoluto
para desvendar as contas da memória
e narrar os parentes que eu perdi.

É música que me abraça e vem dos séculos
viajando nas veias saudosas dos corpos
perdidos,
quiçá encantados nas superfícies das marés
pelo conserto das Yabás tocando marimbas.

O canto que eu ouço é melodia do poema
e vem de África. Ele tem seu ritmo e sua fala.
Guia minha letra sobre as aguas do rio Nilo
passando por Oyió e toda costa da mina.

LIV

Meus pés não caminham mais na terra livre
e fértil, sob as auroras, daqueles quilombos.
Estou no fio da memória dos enterrados
vivos ontem. São duras as cenas dos séculos
que habitam em meus olhos.

Miro o horizonte de escambos e sem lírios
desejo o raio que é força sobre a terra.

Quero me abraçar com o vento do meu sul
seguir suas ondas cruzando as fronteiras
do secreto deus destruidor.
Contudo,
vejo todos os ventos com mastros de abismos
rasgando minhas paisagens construídas a ferro.
Minhas únicas artérias rumo ao paraíso.

LV

Minhas recordações germinam de ti.
São fibras rubras que versam nossas
travessias.

Há palavras para nomear o tempo
do gozo em nossas carnes e os raios
do teu riso para minha boca.

Lembro ensimesmada do teu encantado
espectro,
como lâmina de vida que ainda me ilumina
com a vontade de te ver para sempre em minha
cama.

LVI

Há litígios no desejo sob cinzas
que olho pelas frestas da casa.
Um limite, um vácuo de nuvem
desenha o ermo indomável

É cinza esse oratório de solidão.
Meu olhar se desfibra na morte
de todas as imagens
e de todas as coisas nas órbitas
do mundo.

Miragens erguem-se no sombreado
da lua. Está suspensa a palavra.
Não há fala, nem uivos ou assovios.
Na minha frente somente o ímpeto
do abismo se levanta.

LVIII

Amanheci trêmula sobre os pés
e ouvi os murmúrios das rapinas
nas correntes que espirram medo.
Elas gestam a queima das sementes
na tradição que perdeu horizontes
e derrama tristezas nos corações
com seus velhos arremedos

Em cada uma a miséria dos enganos
tatuada nas faces amargas dos vitrais,
encapsuladas na solidão de quem geme.
Tradições envelhecidas caem sobre o sol
e devora sonhos ainda nascendo lá dentro.

LIX

Aqui o nada preenche a frieza do dia
e dos vultos sonâmbulos nos corpos.
Jaz a parede nua sem cor. Ela emite
sombras e suas estampas de abismos

Meu sonho é profanado no verossímil
dos desertos, violentado nas danças
do real endurecido.
Ele é o pesadelo dos meus pedacinhos
de ilusões inconfessáveis, as iguarias
dos iguais a mim que vivem no canteiro
das sementes secas.

Estou aqui, desterrada no tédio selvagem.
Sofro com o adeus dos sonhos seculares,
com a mudez dos cantores nas madrugadas.

Dói as iniquidades cortando as vias galácticas
nesse dia lento

de eterna ausência dos corações noturnos.
Eu quero viver noites áureas ao som do sax
mas, nenhum concerto sabe meu endereço.
Será que ouvi o poeta chamar meu nome?
Não !
Foi o corvo nesse império do silêncio

.

LX

Você foi diluído só pelo ímpeto da razão.
Ficou um borrão no meu caderno
de anotações.
No vulto dissoluto do amor partido,
você é firme e tudo no meu coração.

Digo na ausência dos ouvidos que nada
me serve de arrimo hoje nas estações
dos prazeres, cobrindo minha cama.

No refúgio íntimo das minhas saudades
estão minhas vontades lascivas pra você
na mesma intenção sexual de antes.
Elas se afundam no meu fingimento
e declaram desejos aos meus pobres
amantes.

LXI

Nunca amei os homens com verdade
vinham no fim das festas, rejeitados,
por necessidades.

Apenas, pegavam nos meus joelhos
afastavam e miravam minha buceta.
Sequer um riso. Não falavam em beijos.

Nunca amei os homens por inteiro.
Eles chegavam como pedacinhos
de quase nada.

LXII

Não me espere no encontro marcado,
a vida é brevíssima para minha pele.
Passarei no vento do fuzil da facção
fardada.
Ela guarda as calçadas e cumpre
sua premissa:
se o corpo é da pele da cor preta,
bala.
Não me espere para nosso encontro
daqui a meia hora, será improvável
minha chegada.

Esta obra foi produzida em Arno pro light 13, para a Editora Malê e impressa na gráfica PSI7, em São Paulo, em julho de 2023.